衣食住行

1949年以来的中国民生变迁

武力 王蕾 著

北京时代华文书局

图书在版编目（CIP）数据

衣食住行 ：1949 年以来的中国民生变迁 / 武力，王蕾著．-- 北京 ：北京时代华文书局，2019.8

ISBN 978-7-5699-3106-8

Ⅰ．①衣… Ⅱ．①武… ②王… Ⅲ．①人民生活－生活状况－中国－ 1949-2019 －图集 Ⅳ．① F126-64

中国版本图书馆 CIP 数据核字 (2019) 第 144633 号

衣食住行 ：1949 年以来的中国民生变迁

著　　者　武 力 王 蕾

出 版 人　王训海
选题策划　静瑞彬
责任编辑　余 玲　徐敏峰
装帧设计　程 慧
责任印制　刘 银

出版发行　北 京 时 代 华 文 书 局　http://www.bjsdsj.com.cn
北京市东城区安定门外大街 138 号皇城国际大厦 A 座 8 楼
邮编：100011　电话：010－64267120　64267397
印　　刷　小森印刷（北京）有限公司　010-80215073
（如发现印装质量问题，请与印刷厂联系调换）
开　　本　635mm × 965mm　1/8
印　　张　30
字　　数　140 千字
图　　片　220 幅
版　　次　2019 年 9 月第 1 版　　2019 年 9 月第 1 次印刷
书　　号　ISBN 978-7-5699-3106-8

定　　价　400．00 元

（本书由新华通讯社图片中心和视觉中国供图）

目录

前 言

衣食住行为民生之本。1949 年 10 月 1 日中华人民共和国（以下简称新中国）成立，开启了中华民族伟大复兴的新纪元，也实现了中国由贫穷落后走向富强文明的伟大转折。

新中国刚成立时，这个经过百年战乱、占世界人口五分之一的国家积贫积弱，百废待兴，人民生活极为困苦，难以满足最基本的生存需求。

从 1949 年新中国成立到 1956 年社会主义制度建立，不仅奠定了中国人民经济发展和改善民生的制度基础，也大大促进了生产力的发展和人民生活水平的提高。1956 年 9 月召开的中国共产党第八次全国代表大会明确指出：国内的主要矛盾，已经是人民对于建立先进的工业国的要求同落后的农业国的现实之间的矛盾，已经是人民对于经济文化迅速发展的需要同当前经济文化不能满足人民需要的状况之间的矛盾。而解决这个矛盾的有效办法就是工业化。

面对中国人口多、人均资源匮乏、经济发展不平衡、生产力水平落后的国情，中国共产党带领全国人民自力更生、艰苦奋斗，压缩消费，积累资金用于工业化。到 1978 年改革开放前，中国基本建立起独立的工业体系和完整的国民经济体系。在这个阶段，虽然中国解决了失业问题，建立起公正平均的消费品分配制度，保证了社会的安定，但是人民的生活水平提高不多。

1978 年改革开放后，中国共产党实事求是，以经济建设为中心，大胆改革一切不利于经济发展的体制机制，充分调动国内外各种积极因素，形成了政府和市场共同发挥作用、国有企业和民营企业共同发展、城市与乡村共同繁荣、国内和国际两个市场和资源充分利用的局面，促成了国民经济连续 30 多年年均增长 9.5% 以上，从而使人均国民生产总值（人民币当年价格）由 1978 年的 381 元提高到 2012 年的 38354 元，提高了 100 多倍。经济的高速发展，带来了人民生活水平的大幅度提高，居民消费水平和消费结构明显改善，人民福祉不断增进。衣着从单调同一走向个性鲜明，饮食从满足温饱到健康搭配，住房从容身之地走向宽敞齐备，出行方式从单一拥挤走向多元快捷。恩格尔系数的大幅下降更表明了中国居民的生活消费从生存型向发展型转变。

2012 年中共十八大以来，中国共产党坚持以人民为中心的发展思想，以增强人民获得感和幸福感为执政目的，并努力实现 2020 年消除贫困、全面建成小康社会的目标。7 年来 ，中国将经济发展成果更多更公平地惠及全体人民，城乡居民的衣食住行质量和层次都实现了跨越式提升。中共十九大指出：“增进民生福祉是发展的根本目的。必须多谋民生之利、多解民生之忧，在发展中补齐民生短板、促进社会公平正义。”这明确了今后民生改善的意义和任务。

70 年间，在中国共产党的领导下，中国人民的生活水平由量变积累到质变，发生了翻天覆地的变化，人均国民收入由新中国成立初期的不到 50 美元提高到 2018 年的 9732 美元，已经由绝大部分人口处于贫困线下的经济落后国家进入到世界中等收入偏上国家行列，并即将实现贫困人口全部脱贫。全国建成养老、医疗、低保、住房等庞大社会保障体系，居民预期寿命由新中国成立初的 35 岁提高到 2018 年的 77.0 岁。实践证明，70 年来中国的民生改善成就，不仅在中华民族发展史上具有重大意义，而且在人类社会发展史上也具有重大意义。诚然，中国还是一个发展中国家，发展方式还在转变中，实现共同富裕的目标还有待完成，生态环境治理的任务也还很繁重。正如习近平指出的，保障和改善民生没有终点，只有连续不断的新起点。中国社会的主要矛盾已经转化为人民日益增长的美好生活需要和不平衡不充分发展之间的矛盾。但是中国所具有的制度优势、经济规模优势和改革开放政策，又适逢新工业革命机遇，在实现中华民族伟大复兴的路途上，我们有理由相信，中国人的生活会越来越好。

衣

服装是社会历史发展的外在表征，代表了人们在时代变迁中的内心情感和精神世界。

中华人民共和国成立初期，服装上一改民国时期的华丽风尚，西装、长衫和旗袍等样式逐渐退出，中山装、干部装、列宁装、人民装、黄军装开始流行。在中国社会剧烈变革的背景下，列宁装、军装等服装带有较为强烈的政治色彩，表达了人民对解放的热情和对新生共和国的希冀。但由于当时各种生活物资短缺，1953 年，中国政府开始实施票证制度，对包括布匹在内的生活必需品实行统一管理及供应，人们的消费需求难以得到满足。服装的花色品种因此较为单一，但在中苏友好时期，也不乏布拉吉等风尚服装。

中共十一届三中全会拉开中国改革开放的序幕。1981 年，中国大陆第一支时装模特队成立。1984 年，以布票为首的各种票证逐渐退出流通领域。随着纺织工业快速发展，人们爱美求美的心理有了物质基础，款式、面料、花色越来越丰富，女性服装充当了时尚的风向标。戴太阳镜，穿喇叭裤、蝙蝠衫、牛仔装成为潮流，西装也逐渐回归。一些爱美人士更为注重服饰的整体搭配，留长发、烫发成为时髦。

20 世纪 90 年代，人们的思想观念随着市场经济的深入更为开放包容，社会生活也更为多姿多彩，服饰的急速变化成为人们生活质量提高的标志之一。与 80 年代不同，此时，很难用一种款式或色彩来概括时尚潮流。在北京王府井大街、上海南京路等繁华地段，商家摆出塑料模特展示当季的流行服装，人们的着装观念进一步多样化、个性化。中国服装企业的数量和质量得到较大提升，开始具有品牌意识，紧跟国际流行潮流。1993 年，首届中国国际服装服饰博览会举行，国际服装品牌开始进入中国，人们的着装观念与国际接轨。

进入新世纪，中国人的服装更为讲求个性和多变，愈益成为靓丽的时代潮流风景线，具有中国文化底蕴和民族特色的服饰逐步走向国际舞台。在 2001 年上海亚太经合组织会议上，前来参会的亚洲及太平洋经济体的领导人穿上了“唐装”，由此掀起“唐装”的世界时尚潮。中国服装业开始主动产业升级，积极参与国际竞争，向多样化、国际化发展。国际品牌时装也陆续进驻中国市场，中国普通大众对国际大牌不再陌生。

近年来，中国服装从中国制造上升到传统与现代结合的中国创造，服装的研究、设计， 开始融入科技和时尚的国际潮流。国际设计师在知名品牌中也大量运用中国传统元素。人们的着装风格款式强调精品，不再单纯注重价格，品牌和环保成为风尚。

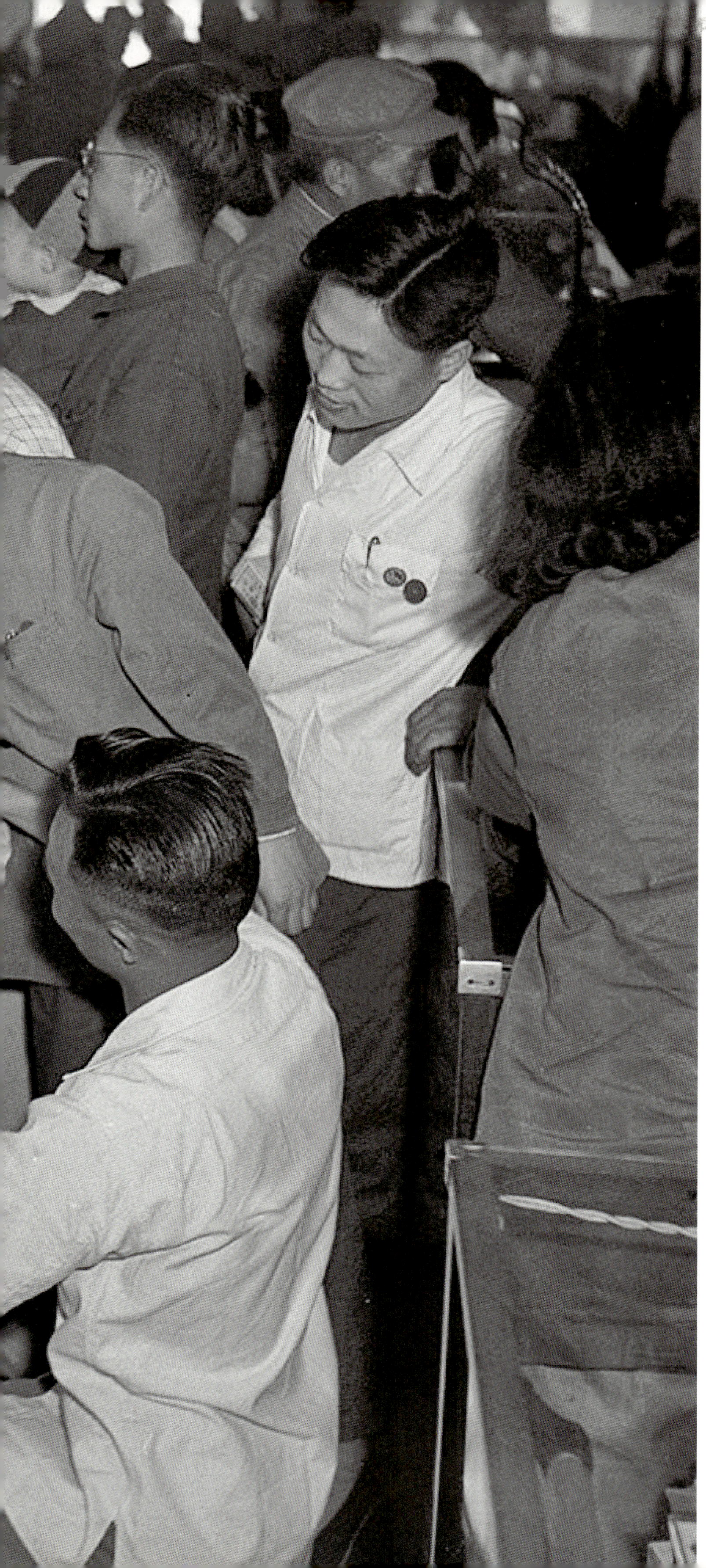

1952 年，商场为庆祝“六一”国际儿童节，儿童用品一律减价出售，父母带着孩子为他们购买新衣。

中华人民共和国成立后，加快发展纺织工业，努力生产更多布匹，供应人民穿衣的需要。1954年，国营北京第一棉纺织厂开工生产。

1954 年，河北饶阳县一户农家，都穿上了应时服装。

20 世纪 50 年代，从苏联流行并传到中国的“布拉吉”（即连衣裙）在女性群体中成为时髦装束。格子装和工装在这一时期也大受欢迎。

1957 年国庆节，人们穿上盛装参加庆祝活动。

1958 年，湖北孝感县朋兴乡的一位母亲向女儿传授缝制技术。那时的农村妇女是家庭成员的服装制作者，农闲时自己动手为家人剪裁缝制衣服。

由于物资短缺，服饰的品种、款式和面料几乎无可选择。20 世纪 60 年代，蓝、黑、灰、绿是中国人穿衣的基调。

棉袄是改革开放前城乡最主要的御寒服装。图为 1961 年人们的棉袄着装。

穿着男士军大衣的女人。20世纪70年代，在服装风格上，性别差异被淡化，男女服装几乎没有个性色彩。

1977年，上海生产的大批样式新颖的儿童服装。

20 世纪 80 年代初，一个典型北方农村家庭的穿着。

改革开放以来，丝织品产量增加，丝绸工业发展，农村养蚕业迅速壮大。

20世纪80年代初，随着改革开放的深入，人们的物质生活不断改善、思想逐渐开放，单调的款式已不能满足人们对着装的要求，在云南偏僻的山区也出现了时髦女郎。

1984 年，上海时装队首次在香港美心皇宫举行时装表演，引起轰动。上海时装队的 10 位模特儿共展出了 135 套丝绸服装，其中有上海最新设计的，也有日本、法国和香港名师设计的。这些时装展示了中国丝绸服装的新水平。

改革开放后，农民也穿上了中山装。1984 年新疆
乌鲁木齐县农民的穿着。

改革开放后，职业装开始出现。1983年，北京市公共交通总公司的部分电、汽车司、售人员穿上职业装。

旗袍是华人的传统服装，80 年代之后经过革新，焕发出新的光彩。1984 年，顾客在选购丝绒旗袍。

1986 年，色彩鲜艳的裙子成为大街小巷的女性时尚追求。电影《街上流行红裙子》在 80 年代初受到年轻女性的青睐。“红裙子”使中国女性从单一刻板的服装样式中解放出来，开始追求服装色彩和式样的变化。后来，北京又开始流行黄裙子。

1988 年，一名农家妇女凭着一台缝纫机开起服装店，为农村妇女增添许多新式样新色彩。

1989年，北京隆福大厦的蒙妮莎时装自选部，顾客在选购服装。该品牌服装以先进的剪裁、制作工艺、多款式受到消费者的欢迎。

1991 年，大连开始流行超短裙。

1992 年夏，印有国内外影、视、歌明星头像的文化衫成为流行服装。

1992 年，北京秀水街逐渐成为以经营服装为主、闻名海内外的市场。

1992 年，云南少数民族服装表演队在第 3 届中国艺术节上展示多姿多彩的民族服饰。

1994 年，成都姑娘身着长裙，悠闲采购。

1997 年，一群农民在候车外出打工，他们的衣着已经城市化。中国人的穿衣已经越来越超越地域、城乡和传统的局限，社会人口的流动提升了服装的丰富程度。

20世纪以来，传统唐装开始流行，并进入寻常百姓家。

2003年，几名福建惠安女走在海滩上。以“黄斗笠、花头巾、蓝短衣、黑宽裤、银腰链”为特征的惠安女服饰文化及渔乡民俗风情吸引着海内外宾客，成为福建著名的旅游品牌。

2007 年，中国青年追赶世界时装潮流。

随着航空事业的发展，空中司乘人员开始身着有规定式样的服装。2006 年，国航空姐手捧福娃从“奥运吉祥号”飞机前走过。

香云纱的染制技艺距今已有500年历史，2008年，顺德将“香云纱染整技艺”作为传统手工技艺申报成为国家级非物质文化遗产，目前全世界只有中国能生产香云纱，顺德伦教街是香云纱的传承地。

2012 年，在青岛一儿童服装厂车间内，一名质检工人在对产品进行抽检。该年 8 月 1 日起，纺织产品新国标《国家纺织产品基本安全技术规范》正式实施。在新国标中，婴幼儿服装的年龄范围从 2 周岁扩大到 3 周岁，新国标将童装分为 A、B、C 三个等级，并对甲醛含量、PH 值和异味等相关指标作出了严格界定。

2013 年，山东邹平县开办新春年集。新春年集方便周边 150 余个村庄农民就近购买新春用品，服装鞋帽在各类用品中显得靓丽夺目。

皮尔·卡丹时装是最早进入中国市场的国际知名服装品牌，图为皮尔·卡丹与他所设计的作品。

改革开放后，学位服开始在大学校园中出现，并逐渐成为一道亮丽的校园风景线。2013 年 6 月，南京大学的毕业生们身着学位服欢庆毕业。

2012 年，中国服装企业持续推进国际化进程，波司登与伊藤忠集团和中信证券签订战略投资者合作协议，用全球视野和互联网视角创新调整，推动企业新一轮成长。2015 年波司登技术员在做严格的羽绒检测。

改革开放后，羽绒服成为冬季流行服装。2014 年，河南温县招贤乡西招贤村小学生穿上新羽绒服。

教育发展，生活提高，中小学生校服的款式不断完善，质量不断提高。2015 年，江苏南通跃龙桥小学的学生。

2016年，首趟义乌至伦敦中欧班列从浙江义乌启程开往伦敦。班列共搭载88箱货物，主要为服装、袜子等小商品，货值约3500万元人民币。义乌至伦敦中欧班列的开行对于强化中国与西欧陆路互联互通，促进中英贸易往来，服务“一带一路”建设具有重要意义。

40.5t

近年来，苏绣产业不断做大、做强、做优。2017年，江苏苏州打造的苏绣特色小镇开设绣庄400余家。

轻薄保暖成为时尚，中国绒毛产业快速发展。
2018 年，内蒙古苏尼特右旗羊绒制品展销。

2018年，广西龙胜黄洛瑶寨，瑶族老人在纺织布料。红瑶因穿红色服装而得名，红瑶服饰制作工序繁杂，没有图纸的记录，靠人们口口相传，新一代的红瑶女一针一线地传承着这项民族技艺。

中国的童装越来越多样化，并更多呈现“科技、时尚、绿色”元素。2017 年，小模特在中国即墨国际童装节上。

改革开放后，西服在城市中流行。2016 年，浙江省杭州市四位西装革履的小伙子。

KELME
LEAVE YOUR MARK
KELME
LEAVE YOUR MARK
KELME
KELME

2019 年福建晋江的卡尔美（中国）有限公司生产的休闲运动服装，中国传统服装行业向科技化和绿色化方向发展，成为中国制造转型升级先头部队。

2019 年，来自比利时、匈牙利、荷兰、西班牙、英国等多个国家的外国友人与中国的汉服爱好者一同身着传统汉服游园，体验中国传统服饰文化和民俗。

食

中国有句俗话“民以食为天”,饮食的变化是人们生活质量的一个具体表现。

中华人民共和国成立后，作为一个刚刚经历战乱的人口大国，食品物资严重匮乏，国家开始实行粮食计划收购和供应，发放粮票、油票等，实行严格的配给制度，但品种少、数量少，只能满足人们最低限度的温饱需求。

中共十一届三中全会重新焕发了广大农民的生产积极性，生产力得到极大解放，粮食连年增产，农林牧副渔全面发展。中国政府开始放宽农副产品自由上市和自由运销的政策，禽蛋蔬菜的价格逐渐放开。国有商业、集体和个体经济快速发展，食品市场欣欣向荣，人们匮乏单调的饮食结构和品种得到明显改善，对动物性食品的需求增加。1988 年，中国政府提出建设“菜篮子工程”，重点解决市场供应短缺问题。

1992 年粮票等退出流通领域。人们对食物的消费层次和结构不断发生变化，肉类产品加工初具规模，肉制品的消耗不断攀升。1990 年，麦当劳连锁快餐在深圳开设第一家门店，随后在中国迅速扩张。俄罗斯美食、法国大餐、意大利比萨、日本料理、韩国烧烤等纷纷登陆中国市场，中国人不出国门便能吃遍世界。2002 年，中国成为世界上最大的牛肉、猪肉和家禽消费市场。

进入新世纪，科学健康，荤素搭配、粗细兼食、酸碱平衡的健康膳食方式成为新的饮食标杆。中国城乡居民的恩格尔系数不断下降，从 1978 年城镇的 57.5%、农村的 67.7% 降到 2017 年的 29.3%。基于健康与环保因素，人们粮食消费日渐多样，副食及其他食品类向低脂肪、高蛋白发展。 同时，中国食品行业由量的扩张逐渐转向质的提高，健康、安全、多样化的优质食品日益受到消费者的青睐。随着居民生活水平与消费能力提升，新鲜蔬菜消费不断增长，营养、健康的绿色食品倍受青睐。目前，绿色食品已成为一项快速成长的产业，形成诸多知名品牌，影响力从国内扩大到国外。

近年来，随着生活水平的提高和国际化的发展，饮食市场更加繁荣，各种档次和风味的餐厅随处可见，中国人食品消费的选择更为便利。食品外卖已成为潮流，2017 年外卖市场突破 2000 亿元。

中国千百年的社会经济发展，孕育了众多具有浓郁民族特色、享誉国内外的饮食。中国人的吃，已经不单单是满足生活温饱的必需品，渐渐变成了具有中国风格的艺术和文化。中国美食味道绝佳、工艺精湛、品种繁多，由此所衍生出的东方食文化的特殊魅力，越来越为世界所共享。

中華人民共和國糧食部
全國通用糧票
叁市斤
1957
中華人民共和國糧食部
全國通用糧票
伍市斤
1957
一、憑本票在全國範圍內購買粮食製成品及各種成品粮食。
二、本票票面額的每市斤爲十六市兩，折合十進位的市秤爲十市兩。每半市斤折合十進位市秤爲五市兩，每四市兩折合十進位市秤爲二市兩半。
三、本票如有遺失，概不補發。

中華人民共和國糧食部
全國通用糧票
伍市斤
1957

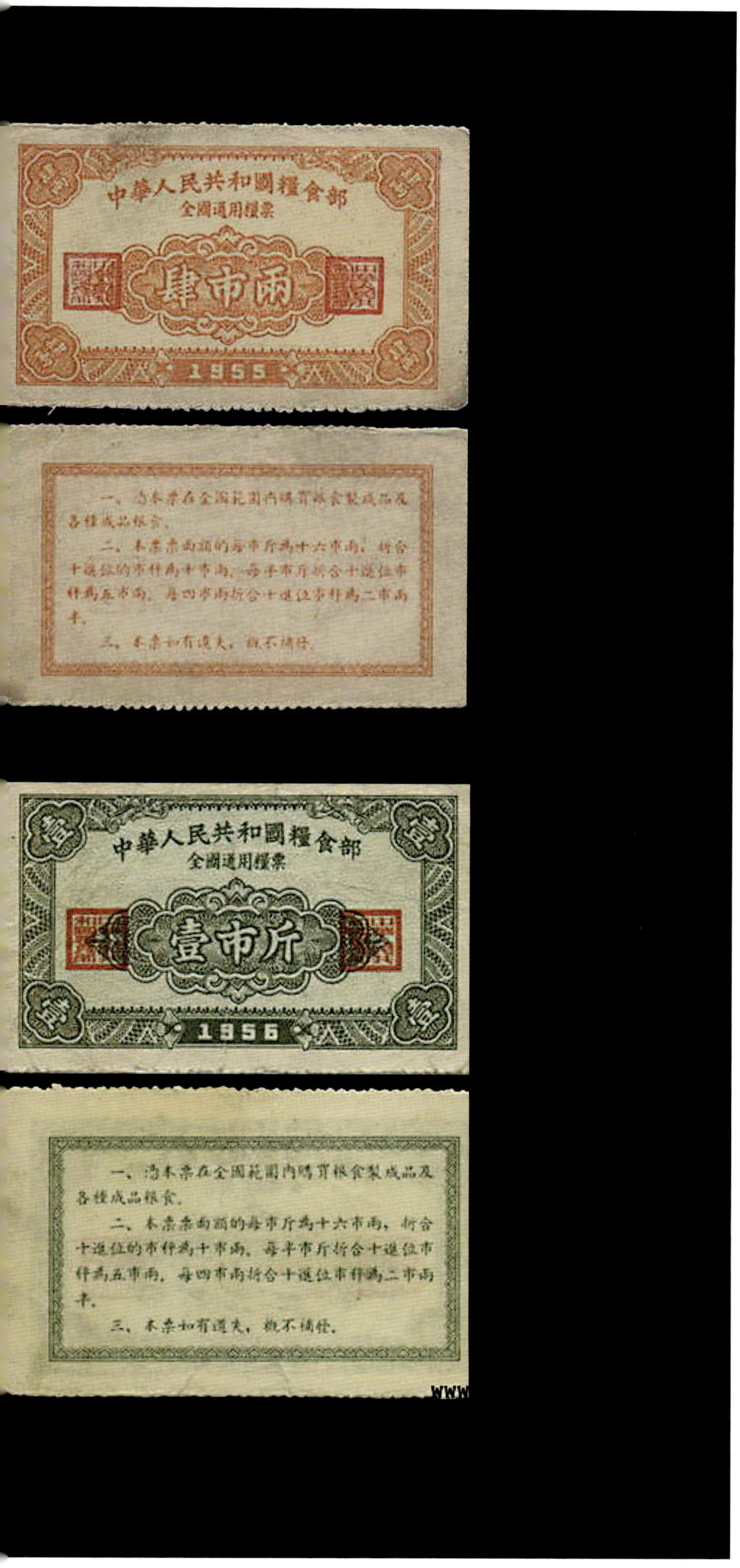

1953年，国家开始实行粮食计划收购和计划供应，发放粮票、油票等。为了方便群众出行和购买粮食制品，国家发行全国粮票，各省、市、自治区也发行地方粮票。食品实行了严格的配给制度。图为粮食购销体制下的全国粮票。

在政府增加供给的努力下，食品的市场供应渐趋充足，1955 年，广州市民可以从市场上买回鸡鱼及各种蔬菜。

1957 年，陕西咸阳县“五一”第一农业社一位社员家在当时已能吃上丰盛的午餐。

1958 年，获得早稻大丰收的广东潮安县农民往粮库送公粮。

1959 年至 1961 年，由于自然灾害粮食减产，全国人民“闲时吃稀，忙时吃干，杂以瓜菜”，节粮度荒。青海西宁市郊小峡公社曹家堡生产队家家户户挂满了储藏干菜，把这些干菜和面粉掺在粮食里吃，节约粮食。

为解决人民吃饭问题，政府不断推进水利建设。1962 年，河南林县的红旗渠建成后，林县水浇地由 1 万亩扩大到近 60 万亩，粮食产量比解放前增长了数倍。

1963 年，广东的荔枝产地新会县的荔枝获得好收成。其荔枝即将运往城市，供应市场。

1963 年，上海宝山县彭浦公社以蔬菜生产为主，积极发展畜牧、家禽、水产等多种经营，成为供应城市副食品的重要生产基地。

1964年春节，北京的厂甸集市上，这种酥脆酸甜、爽口健胃的果品小吃是北京市民喜爱的传统冬令食品之一。

1964 年，拉萨市民购买节日食品。

1964 年，新疆穆斯林欢度古尔邦节，商业部门专门为古尔邦节准备了丰富的食品和日用品。

1972 年，中国畜牧业生产状况较好，为市场提供了较充足的肉食。内蒙古集宁肉类联合加工厂能够提供大批羊肉。

1977 年，上海国营星火农场机械化养鸡场鸡舍一角。

改革开放后，成都市饮食行业开始恢复传统服务项目。1979 年晚秋，鸭子大量上市，成都市展销腌熏鸭、软烧鸭、脆皮鸭等制品，颇受群众欢迎。

SHANGHAI

1977 年渔汛期里，沈家门渔港呈现一派繁忙景象，成为舟山渔场的枢纽。

浙江金华火腿是我国具有独特民族风味的食品。改革开放初期，金华地区建有21家火腿厂，生产品种繁多，不仅恢复了竹叶薰腿之类的传统名腿，而且根据消费者不同口味，试制成功了糖腿、甜酱腿、辣椒腿等多种新品种，各具特色。

从 1979 年起，中国政府进一步放宽农副产品自由上市和自由运销的政策，允许个体商贩和农民长途贩运，提倡产销直接见面。城市在企业扩大自主权后建立起城乡相互开放的流通机制，禽蛋蔬菜的价格逐渐放开，在市场上不用粮票也能买到粮食了。

中国北方城市冬季蔬菜品种少，价格低廉、易贮存的大白菜成为居民冬季的主要蔬菜，家家户户都要买一些储存，直到 21 世纪初，大白菜才变为市场上的一般蔬菜。1980 年北京居民储存大白菜。

1980 年，西藏农民平措顿旦家欢度藏历年，妇女们准备做菜，过着丰衣足食的生活。平措顿旦家的储存室晾挂着 150 来斤牛肉、猪肉、羊肉。

1980 年，黑龙江牡丹江市的周末夜市，出售成百种北方面食和炸青虾、酥鱼、酱牛肚等风味不同的食品。熙熙攘攘的人群流连在饮食摊前，选购自己喜爱的食品。

牧业生产的发展，给新疆库车县的“巴扎”带来丰富的肉食。1982 年，人们在“巴扎”上吃传统风味小吃烤羊肉串。

1983 年，武汉市郊区豆腐专业户进城卖议价豆腐。

随着生活水平的提高，越来越多的人们选择外购节日食品。按照民间习俗，元宵节这天家家户户都要吃元宵。1986年，北京街头市民购买元宵。

1986年，上海老城隍庙南翔馒头店小吃。上海老城隍庙方圆约一平方里，小吃摊店多达二三十家，各类小吃五六十种。

1978年，可口可乐宣布进军中国市场，成为第一家进入中国的外企。1981年中国粮油进出口公司北京市分公司饮料食品厂可口可乐车间成为中国第一个“可口可乐”饮料车间。

Coca-Cola
可口可乐

改革开放，土地制度的变革重新焕发了广大农民的生产积极性。生产力得到极大解放，粮食连年增产，农林牧副渔全面发展。1984 年，中国政府向世界粮农组织宣布，中国已基本上解决了温饱问题。图为浙江慈溪一位民众菜篮子装满了鸭子、螃蟹、鲜鱼、蔬菜等，准备过节。

随着包括电冰箱在内的家用电器的逐步普及，冷饮已成为夏季食谱中的新内容。1986 年，母亲可以用新上市的手摇刨冰机给孩子做刨冰了。

咖啡、面包等西式餐饮逐渐进入人们的生活。80 年代后，不少家庭已开始用咖啡招待宾客。

随着人民生活逐渐富裕，一些传统食俗得以恢复。1987 年，云南元阳哈博村 200 多户哈尼族农民吃百米长龙宴。

西式快餐抢滩中国。1988 年五一期间，北京第一家肯德基快餐店门前，人们排队等待吃洋快餐。

1992年西藏江孜县一户藏族农民家庭的餐桌。饭菜非常丰富，除有糌粑、酥油茶外，还有肉炒青椒、肉炒莴笋、炒牛羊肉等10多种炒菜，青稞酒、啤酒同时摆上了餐桌。一些藏族人家的食品结构和烹饪方法都发生了明显变化。

蔬菜需求的增大促进了无公害蔬菜的科技化、规模化生产。1991 年，采用无土栽培技术种植蔬菜的黑龙江大庆全光温室。

20 世纪 90 年代中期之前，“菜篮子工程”重点解决了市场供应短缺问题。1993 年底，全国农副产品批发市场已达 2080 个，城乡集贸市场已达 8.3 万个，其中农副产品专业市场 8220 个，初步形成了全国大市场、大流通的新格局，保证居民一年四季都有新鲜蔬菜吃。

社会主义市场经济极大地发展了生产力，提升了人们生活水平，城乡居民的饮食质量有了明显提高。1996 年全国肉、蛋、水产品、蔬菜人均占有量达到和超过世界平均水平。热闹非凡的广东南海市大沥镇农贸市场。

随着人们消费能力的提高，亲朋好友相聚、节假日在外用餐已成为趋势。2003 年，有 30% 左右的上海人选择在饭店吃年夜饭。春节新风尚为全家人增添了新的乐趣。

火锅是中国独创的美食，历史悠久，深得人们喜爱。2004 年，人们围在重庆南滨路火锅桌前品尝火锅。

随着交通物流的发展，南北市场互通有无，2002 年，香港湾仔街市已能售卖北方常见的大白菜，在这里一律用红绳拴住，吊在醒目的地方。

“吃农家饭，住农家店，感受田园风光，体验农家生活”为主要内容的城郊农家乐旅游成为城市居民的时尚。2005 年“十一”黄金周期间，湖北宜昌的“农家乐”饭店生意红火。

食品市场更加多样化。2011 年中国—东盟自贸区建立一周年时，在广西南宁天桃路的水果摊前，市民可以买到泰国山竹、番荔枝，越南龙眼、火龙果等东盟国家的进口水果。

2012 年，中国政府在试点地区为农村义务教育阶段的学生提供营养膳食补助，宁夏固原一所小学的孩子们可以尽情享用午餐。

随着生活水平的提高，举办寿宴成为时尚潮流。2012 年，江苏扬州百名老人共享“百寿宴”。

农民依法、自愿、有偿地流转承包地，按照“公司＋基地＋农户”模式合建家庭农场大量出现，小而散的“撂荒地”得到改造。2013年广西钦州平吉镇一位农民家庭农场养殖的香鸭。

冰吧
凉皮
老
號

河南开封的民俗餐饮商业街区食客满堂。近年来，此类集餐饮、民宿客栈、娱乐休闲、文化体验为一体的民俗文化休闲街区越来越多。

2013 年，北京庆丰包子受到热捧。庆丰包子成为游客特别喜欢的一道快餐。

饮早茶是广州饮食文化中重要的一部分。广州市饮早茶的市民。

让广大群众吃上放心食品，确保食品安全日益受到中国政府的重视。山东是中国农产品生产和出口大省，寿光农产品物流园是全国最大的蔬菜集散地，农药残留物超标的蔬菜禁止交易。

2014年，重庆农村以传统“坝坝席”度新春。宴席一般是在房屋地坝摆开，故称“坝坝席”。如今，“坝坝席”已形成专业的制作队伍，提供包括桌椅、餐具、烹饪等“一条龙”服务，形成了一个活跃在农村的产业。

2015 年 9 月，山东枣庄的小学生学做中国传统食品月饼。

中共十八大实施精准扶贫后，偏远贫困山区的人们不仅吃得饱，也吃得好了。2016 年，贵州山区一家贫困户的饭桌上肉菜丰足。

2017年，以“绿色·科技·未来”为主题的第十八届中国国际蔬菜科技博览会，集中展示生物组培技术、水肥一体化技术、信息化温室远程控制等100余项技术，汇集国内外蔬菜品种2000多个。

“一带一路”倡议实施后，沿线国家的红酒、咖啡、干果、肉类、海鲜、奶制品飞入寻常百姓家，逐渐把百姓餐桌变成欣欣向荣的美食之汇。2016年底，西域特产进口食品批发商城投入运营后，新疆民众能更加便捷地畅享来自欧洲、中亚等地的美食。

2017 年，在贵州凯里易地扶贫搬迁后的幼儿园，孩子们能够吃免费“营养午餐”。

中国城乡居民的恩格尔系数（食品支出占消费支出的比重）不断下降，从 1978 年城镇 57.5%、农村 67.7% 的高位到 2017 年的 29.3%，首次低于 30%。北京西城展览路街道的一家百姓生活服务中心，蔬菜供应丰富。

近年来，食品外卖成为流行趋势。2018 年 2 月，杭州的一名工作人员正在准备启动送外卖的无人机。根据市场数据显示，2016 年外卖市场规模达到了 1661.7 亿元，2017 年达到 2046 亿元，增长率 23%。

2018 年，南京航空航天大学师生们在“航天餐厅”用餐。

饺子是中国北方的传统食品，越来越多的来华人士喜欢吃饺子并学会了包饺子。2013 年春节，天津的留学生展示包好的饺子。

地方传统特色美食受到追捧。2019 年，食客在广西柳州市体育中心螺蛳粉长桌宴上品尝螺蛳粉及螺蛳美食。

2019年，亚洲美食节在北京、杭州、成都和广州四地同步举办。美食节作为亚洲文明对话大会的活动之一持续一周，通过美食文化盛宴展示绚丽多姿的亚洲文化风情和亚洲文明风采。

住

住房是人类最基本的生活需求之一，关系到国计民生和社会稳定。

中华人民共和国成立初期，农村茅草房大量存在，房屋质量普遍较差、人均建筑面积小、基础设施配套不齐全，中国政府逐步建立完善农村房屋及宅基地管理制度，由农民自主改善住房；在城镇，开始实施“统一管理，统一分配，以租养房”的公有住房实物分配制度，通过公有住房实物福利低租金分配的方式满足居民住房需求。

改革开放后，农村住房率先改善，20 世纪 80 年代农村兴起建房热，自住自建，茅草房开始变成砖瓦房和楼房。进入新世纪，中国政府持续推进农村危房改造，有效改善了农村贫困农户居住条件。同时，将农村安居工程与新农村建设、村庄综合整治、美丽乡村建设等有机结合。农村垃圾、污水治理和村容村貌持续提升，改善了农村人居环境质量，新农村住宅居住舒适度不断提高，美丽宜居村庄逐步成为现实。民族地区村庄和小城镇建设稳步推进，环境污染问题得到重视，清洁、健康、生态化的生存空间正在形成。在城镇，20 世纪 90 年代，住房公积金制度开始建立，住房实物分配向住房市场化改革，将公房实物分配改为货币工资分配，建立面向中低收入的保障性住房和面对高收入家庭的商品房。住宅功能不断完善，面积较大的餐厅客厅和集中供水、供热、供气方便了生活。

进入新世纪，大多数家庭的住房走向市场，中国房地产业发展迅速。住房消费有效启动，居民住房条件有了较大改善。住房小区的城市道路以及公共交通、供水、供电、供气、供热、通讯、污水与垃圾处理等市政基础设施得到合理建设。政府开始着手调控房价过快上涨，建立健全城市廉租住房制度，改进和规范经济适用住房制度，逐步改善其他住房困难群体的居住条件，完善居民就业、就医、就学、出行等配套政策和工作机制。同时，中国政府对棚户区、“城中村”、城镇危旧房改造，在财政投入、建设用地、税费和信贷等方面给予支持。

近年来，住房成为中国人生活持续改善的新起点，朝着“住有所居”的目标迈进。随着租购并举、租售同权、共有产权、限售等政策的渐次落地，符合国情、层次分明、适应市场规律的房地产平稳健康发展长效机制轮廓已经逐渐显现。同时，为因劳动技能、就业、收入等原因而面临住房困难的群众，提供住房保障、满足其基本住房需要，保障性安居工程建设扎实推进。

中共十九大提出坚持房子是用来住的、不是用来炒的定位，加快建立多主体供给、多渠道保障、租购并举的住房制度，让全体人民住有所居。

新中国建立初期，城市平房和农村茅草房大量存在，房屋质量普遍较差、人均建筑面积小。

新中国成立之初，广州珠江上居住着数以千计的“水上人家”，他们没有房屋，只得在小船上漂流。

提高警惕保卫祖国
为革命
林
战备防火

新中国成立后，一些少数民族逐渐改变居住习惯。1953 年鄂伦春族实现定居，结束了世世代代风餐露宿的游猎生活，建立了鄂伦春村落。

“干打垒”土房是一种用黏土夯实垒筑起来的房子，在新中国建设初期，建设者就地取材、作为职工住宅。这是1960年时黑龙江大庆的“干打垒”住房。

居民居住卫生医疗条件得到很大改观，逐步改变缺医少药的状况，1973 年，医疗小组深入蒙古包巡回医疗。

20 世纪 50—80 年代，城镇实施“统一管理，统一分配，以租养房”的公有住房实物分配制度，城镇居民的所在单位作为住房投资、建设、分配和维护的主体，通过公有住房实物福利低租金分配的方式满足居民住房需求，住房标准低，只能满足基本生活需要。“筒子楼”就是颇具中国特色的一种住宅样式。这种有着长走廊、公用厨房与卫生间的房子就是那时中国单位住房分配紧张的产物。

改革开放，农村住房率先改善，兴起“自住自建”的建房热。1980 年中国约 500 万农民改建、新建住房总面积约三亿平方米。新建的房屋逐步趋于城市化，以楼房结构为主，有卧室、客厅、厨房、卫生间、晒台。

1980 年，新建的典型山东农户传统民居。

改革开放后，农民收入增加，装饰房屋期盼新年更好。1980 年黑龙江海伦一户人家老少一起贴窗花。

城市平板房大量建设，人均居住面积扩大，室内装修和居住条件明显改善。

改革开放，新建的城市住房结构合理、光线充足。1980 年，北京劲松住宅区新建居民楼房内景。

20 世纪 80 年代开始，城乡居民住房条件不断得到改善。1984 年，河南兰考余寨的一户农民住上了瓦房。

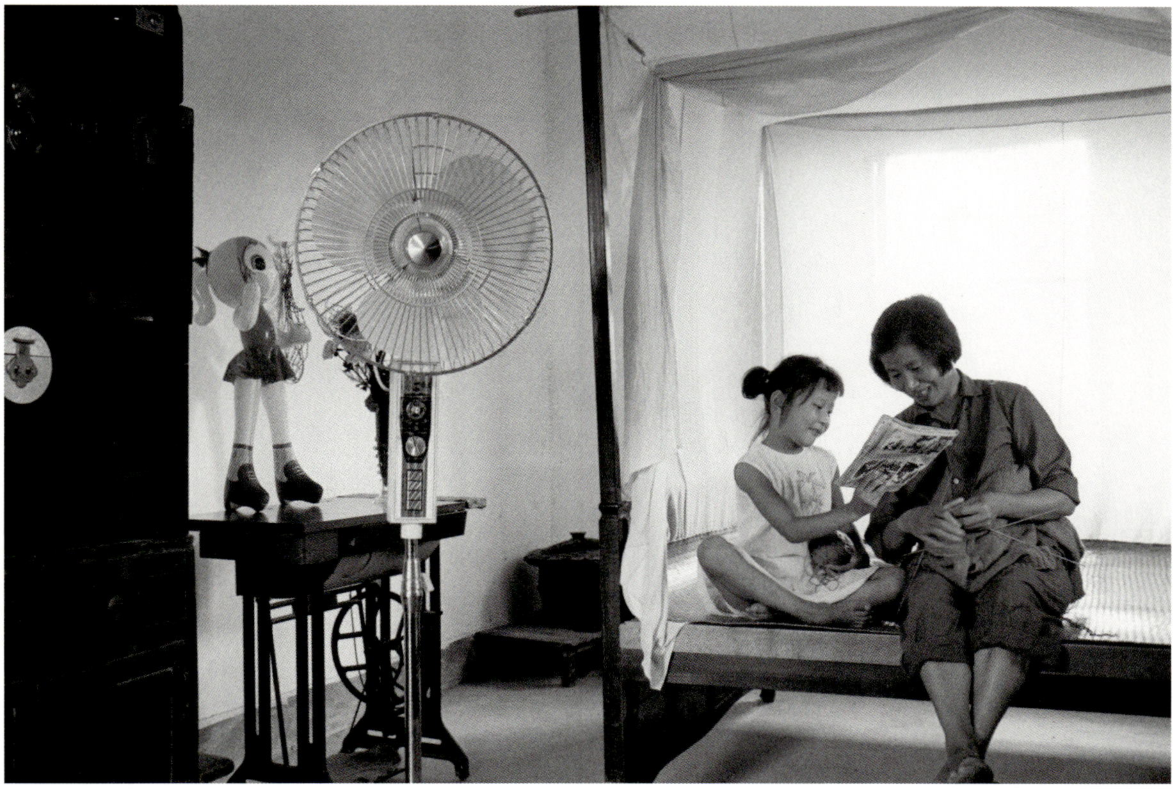

20 世纪 80 年代，农民家庭购买耐用消费品的越来越多，老三大件——自行车、收音机、缝纫机，在农村已经不稀罕，许多农民又转向购买新三大件——电视机，录音机和电风扇。

80年代中期城市小家庭，屋里已配有电视和音响等现代化设施。提高家居生活质量的电视机、冰箱、洗衣机“新三件”成为潮流。

改革开放后，五星级国际饭店在中国越来越多，这是1984年珠江之滨的广州白天鹅宾馆，主楼高99米，共34层，有1000多个客房。

1985 年，秋收后的北方农家庭院。

住房改革，1989 年，北京首批公开出售商品房登记第一天，房地产交易所门前有上千人排队。

1994 年，少数民族聚居的四川米易农家已经购买了电饭煲、电视机等家用电器。

1994 年，深圳宝安西乡镇劳动村 128 户村民集体迁入新建成的别墅式住宅，客厅宽敞明亮。

随着居住条件的改善，住宅小区里开始融入现代科技，居民享受到信息社会所带来的各种便利。1998 年，上海一个住宅与小区电脑网络中心联网的智能化住宅小区，居民在自己家中通过“用户智能控制器”查询每月水、电、煤气的使用量。

随着农村经济的迅速发展，许多农村向农村现代化、乡村城市化、城乡一体化的目标迈进。越来越多式样新颖，装潢别致的农家新宅不断崛起。1998 年江苏江阴市华西村农民别墅式住宅群。

城镇居民的居住选择更为丰富，出现高层住宅区、复式楼、特色别墅等。1999 年上海高档住宅小区海天花园别墅区。

国家开始兴建经济适用房，为中低收入家庭提供“买得到、住得起”的选择，缓解居民家庭住房的紧张状况。

2000 年，海南琼中黎族苗族自治县牙寨村民喜迁新居，并实现通路、通电、通水。

2001 年底，青海同德巴水乡完科村定居点上牧民的生活条件得到很大改善，人均占有住房 7.86 平方米，100%的牧民实现了居有其屋，结束了他们千百年来逐水草而居的历史。图为一位牧民与同伴分享拍摄婚纱照的喜悦。

2005 年，湖北秭归一位农民身后的三间房屋，是他一家 1949 年后三个不同时期的住房。

贵州黔南布依族苗族自治州对生存条件恶劣的深山区、石山区贫困人口实施易地搬迁，5 年共修建移民新村 127 个，移民 8536 户，解决了 4 万多贫困人口的居住问题，并帮助移民发展种养殖业，使他们成功脱贫。

中共十七大提出了“健全廉租住房制度”，保障房作为重大民生问题被列入政府公共服务的范畴内。

2007 年，《国务院关于解决城市低收入家庭住房困难的若干意见》出台，首次明确提出把解决低收入家庭住房困难工作纳入政府公共服务职能，目标是建立多层次住房保障体系建设，加快住房分类供应体制的实施。2008 年 11 月 26 日，江西婺源县第二批经济适用住房销售和廉租住房租赁公开摇号。

“村村通”是开始于2004年的国家系统工程，包含公路、电力、生活和饮用水、电话网、有线电视网、互联网等等。偏远地区通信基站大量建立，基本实现村村通电话。2007年，黑龙江肇东市海城乡两位村民在和城里打工的儿子通电话。

饮水，是陕西的一个难题。政府不断加大饮水工程建设。2012 年，陕西绥德刘家石畔村安全饮水工程通水，村民喜气洋洋。

2013 年，青海玉树藏族自治州灾后重建工作完成。

中共十八大指出："要建立市场配置和政府保障相结合的住房制度，加强保障性住房建设和管理，满足困难家庭基本需求。"随着租购并举、租售同权、共有产权、限售等政策的渐次落地，符合国情、层次分明、适应市场规律的房地产平稳健康发展长效机制轮廓已经逐渐显现。

农村危房改造使农村居民住上安全、实用的房子，实现农民群众祖祖辈辈的安居梦想。2014 年 5 月，云南沧源县糯良乡光荣新村，经过农村危旧房改造后的佤族群众新居富有民族特色。

2014年，海南三亚美丽之冠七星酒店建筑群建成，它是当时世界上拥有客房数量最多的酒店建筑群。

人们对家居装饰的要求不断提高，红木家具深受喜爱。

1999年新年伊始，湖南江华瑶族自治县瑶胞喝上了自来水，告别了祖祖辈辈喝塘、沟、渠、河污染水的历史。

中共十八大后，政府更为注重居民文化设施建设，人居环境进一步改善。2017年，辽宁丹东振兴区西城街道滨江村有了农家书屋。

中共十八大后，推进健康中国建设，小厕所体现居住水平和质量。吉林吉林市江密峰镇西三家子村农民有了卫生间。

深度贫困地区依托独特的生态环境和丰富的旅游资源，大力推进全域旅游和实施旅游脱贫富民工程。2017年甘肃甘南藏族自治州碌曲县尕海乡尕秀村的牧家乐。

按照“300米见绿，500米见园”的目标推进公园绿地建设。到2017年底，全国建成公园15633个，公园面积44.5万顷。贵州贵阳花溪国家城市湿地公园。

2018 年，内蒙古五原县隆兴昌镇联星村的光伏一体化住宅。

2018 年，浙江台州传统公厕改建升级为城市休憩驿站，集卫生间、化妆间、休息室、书吧、手机充电站等功能为一体。

中国政府对棚户区改造，在财政投入、建设用地、税费和信贷等方面给予支持，将国有林区（场）棚户区（危旧房）、国有垦区危房、中央下放地方煤矿棚户区改造作为重要内容，加快改造步伐。2018 年，上海虹口的一处棚户区改造工地。

建设中的湖北宣恩县晓关侗族乡野椒园侗寨吊脚楼。野椒园侗寨 191 户人家均居住在古老的侗寨里，其中 73 户是贫困户。随着脱贫攻坚的深入推进，2018 年当地政府开始修建新的侗寨吊脚楼，为符合易地搬迁政策的贫困户实施搬迁。

2018年，西藏那曲索县城中村棚户区改造后的新民居。索县地处索曲河谷，县城所在地亚拉镇海拔3980米。2016年，索县启动城中村棚户区改造工程，首批投资近1.5亿元。经过近两年的施工，索县已完成200套藏式小院的建设，1000多名居民迁入新居。

为改善市民居住条件，2018年杭州整体推进老旧小区既有多层住宅加装电梯工作。

城市的发展带来了住宅小区的增多。广西百色市地处滇黔桂三省（区）交会处，全市辖12县（市、区）总面积约3.63万平方公里，总人口410多万人。目前，百色市已成为广西新工业基地、重要的铝工业基地、红色旅游基地和重要的“南菜北运”基地。

在福建平潭国际旅游岛上，一座座石头厝背山面海，近年来，石厝改造为民宿，原本僻静的小村庄成为旅游胜地之一。

2019年，淮安洪泽的一处多功能集中民居。

2019年，海南琼海博鳌镇的文明生态村南强村。

2019 年，河北永清东义和村一家特色民宿。近年来，永清县在美丽乡村建设中，采取“公司 + 农户”的方式，将农村闲置住宅改造成特色民宿。

乡村振兴的富裕村、文明村、生态村建设绘就了乡村振兴实践的美好图画。2019年，江苏南通如皋市如城街道顾庄社区的特色庭院，用景观步行道、特色小游园串点成线，全域发展乡村旅游。

行

交通兴，百业兴。交通运输是衡量国民经济现代化的重要标志之一。

中华人民共和国成立初期，人力车、畜力车、木帆船是主要交通工具，公路很少，乡村道路基本上是土路，沙石路都很少，很多地方不仅不通飞机、不通火车，甚至不通汽车（没有公路），基本靠两条腿走路。

民航。 解放初期，中国民航只有 7 条国内航线。改革开放后，民航业的市场化改革循序渐进，在中国经济社会发展中扮演着愈来愈重要的角色。初步形成了以北京、上海、广州等国际枢纽机场为中心，省会城市和重点城市区域枢纽机场为骨干，以及其他干支线机场相互配合的格局。

铁路。新中国大规模的交通建设从铁路开始，“一五”计划期间，宝成铁路、鹰厦铁路兴建。十一届三中全会以后，铁路交通迅猛发展，经过六次大提速，方便了人民的出行。在高铁发展上，中国已建成世界上规模最大、运营速度最快、具有完全自主知识产权的高速铁路网络，中国高铁成为中国交通事业的亮丽名片。

公路。新中国建立后，中国政府开始修建新藏、青藏、川藏公路，便利了中国和边疆地区的经济文化交流。1992 年，“五纵七横”国道主干线规划开始实施，2000 年，国道主干线京沈、京沪高速公路建成通车，中国华北、东北、华东之间形成了一条快速、安全、畅通的公路运输大通道。

公交网络。改革开放前，大部分城市只有公共汽车、电车，1971 年，中国第一条地铁开通，中国开始有了地铁。改革开放后经济日益繁荣，城乡公共交通快速发展。

港口建设。新中国成立初期，中国只有 200 多个港口泊位，以通用件杂货码头泊位为主。港口装卸主要依靠人挑肩扛，全国港口货物吞吐量仅 1000 万吨。改革开放后，中国经济逐步开放，许多港口开始发展成为临海工业港区。

随着交通基础设施的改善，中国人的出行条件、方式和效率发生了巨大改变。20 世纪 80 年代末，中国自行车保有量达到 5 亿辆，当时中国街头浩浩荡荡的自行车大军成为独特景观。21 世纪初家用汽车开始进入中国寻常百姓的家庭，网约车也成为一种方便快捷的出行方式。2018 年，中国汽车总量达到约 3.1 亿辆。

近年来，低碳出行、绿色出行成为一种新时尚，共享单车、新能源汽车成为新宠。

新中国成立初期，运输和交通出行异常困难，交通方式少，耗时长。1954 年，西藏牧民用牦牛向内地驮运羊毛，向雅鲁藏布江南岸转运。

1954 年，川藏、青藏公路建成通车，将雪域高原与内地紧密连结。

架子车是20世纪中后期中国北方农民常用的交通工具，从事家庭农业生产的农民几乎每家都有。

新中国大规模的交通建设从铁路开始，“一五”计划期间，宝成铁路、鹰厦铁路兴建。1956 年建成通车的宝成铁路，是一条连接西北地区和西南地区的交通动脉，改变了“蜀道难”的局面。

1956 年，上海大连两港海上通航，这是中国第一次在上海、大连间有自己制造的客运轮船航行。

1956 年，北京—拉萨航空线试航成功，中国飞机在号称“世界屋脊”的西藏高原上成功地飞行和着落。

1958 年，中国第一辆小轿车“东风”牌轿车出厂，中国汽车工业由此发展。

1968 年建成通车的南京长江大桥，是中国经济建设的重要成就，也是中国桥梁建设的重要里程碑。

1981 年，中国自建的第一条地铁北京站至苹果园一段，全长 23.6 公里正式交付北京市运营使用。前门站出入口。

古老的交通设施仍在使用。1982 年，福建泉州“五里桥”。（始建于宋代）

自行车成为普及型工业品，到20世纪80年代末，中国自行车保有量达到5亿辆，成为“自行车王国”。

1983 年，横贯新疆天山中段独（山子）库（车）公路正式通车，被称为“新疆最美公路”。

1988年，中国第一条高速公路沪嘉高速公路全线通车，这是中国公路建设史上崭新一页。此后，中国的高速公路建设突飞猛进。图为沪嘉高速公路。

20世纪80年代，在边远地区，畜力车仍然广泛应用。1986年，新疆库车县群众乘坐马车去赶集市。

城市出租车开始广泛应用。1992 年，杭州大众出租汽车股份有限公司开业。

1992 年，农民热衷学习手扶拖拉机驾驶技术，农村最赚钱、最吃香的职业是跑运输。

1994 年，湖南常德湖区，轮渡是一种必不可少的交通设施。

边远山区仍然保留了传统的出行方式。1994 年云南福贡怒江峡谷的过江溜索。

1994 年，河南洛阳市商贩开着拖拉机带着货物去集市上销售。

随着居民生活水平逐年提高，出行讲究方便快捷，一些新型家用机电交通工具如摩托车、电动车、迅速进入城乡家庭。1996 年春节，河南洛阳的居民走亲访友，摩托车、自行车是当时最主要的短途交通工具。

TIPHOOK
TPHU 439571 1
GB 4310
TIPHOOK
TOLU 111479
US 4310
IT SU
200 570
USA 4300
TARE
ITS

1996 年，辽宁营口鲅鱼圈港集装箱码头，鲅鱼圈港促进了辽宁及整个东北地区的经济发展。

火车是人们长途出行的普遍选择，运力紧张，一票难求。1994 年，哈尔滨火车站蜂拥上车的人们。

1999 年，西藏拉萨贡嘎机场已开辟了拉萨至成都、西安、重庆、西宁、北京等 6 条国内航线和拉萨至尼泊尔的国际航线。

从 20 世纪 90 年代中期开始，先富起来的人开始购买家用汽车。随着汽车工业的发展，中国合资汽车和自有品牌迅猛发展，到 21 世纪初家用汽车开始进入中国寻常百姓家。2018 年，中国汽车总量达到约 3.1 亿辆。2003 年一汽—大众厂区内等待发货的轿车。

出境旅游的大幅增加成为中国扩大开放的直接见证。2004 年，一批农牧民准备出国旅游。

春节，中国传统节日，在外打工的人都要回老家过年。2002 年，北京火车站人们排长队买春运票。

长

改革开放后，婴儿车日益方便时尚。2005 年，长春市儿童公园一对婴儿车里的孪生兄弟。

2002 年，中国西北地区最大的高速公路立交桥在陕西建成。

新世纪，公共交通的选项越来越多。2004 年，上海磁悬浮列车。

2007 年，山西清徐县在全省率先实现了村村通客车，解决了全县 25 万农业人口出行难的问题。到 2018 年，全国公路通车总里程达 477.35 万公里。

2006 年 7 月，青藏铁路开通后，列车从念青唐古拉山山脚下经过。青藏铁路全线长 1956 公里，纵贯青海、西藏两省区，是世界上海拔最高、线路最长、穿越冻土里程最长的高原铁路。铁路对密切西藏、青海与内地联系具有战略意义。

和谐号
CRH

2007年，中国首列动车组试验列车飞驰在泰山脚下，中国从此有了自己制造的高铁列车，进入“高铁时代”。

实施西部大开发后，交通建设全面推进。2010年包（头）茂（名）高速公路延安段。

近年来，绿色共享经济兴起，中国的交通工具开始呈现绿色、便捷的特点，共享单车出现、新能源汽车热销。共享单车的出现不仅提供了城市出行“最后一公里”问题解决的有效方案，而且倡导了绿色环保的出行方式。

骑行逐渐成为中国人休闲运动的方式。2013 年，浙江嘉兴举办千人骑行活动。

自驾游成为中国人休闲的方式之一。2017 年 10 月 6 日，山东沂南竹泉村景区停车场停满自驾游车辆

2014 年，重庆轻轨列车，颇具山城特色。

改革开放后，港口基础建设得到重视，发展迅速。2015 年广东自贸区深圳前海蛇口片区内的蛇口港。

SCT
SITC

厦门本岛富有海上、陆地、空中的飞机、轮船、地铁、陆路、快速公交高架和空中自行车道等多种交通方式。2016 年，厦门 BRT（快速公交）夜景。

到 2017 年底，中国 34 个城市开通了 153 条城市轨道交通线路，运营里程达到 4583.8 公里。2015 年山东青岛地铁 3 号线海底世界主题车厢内景。

5-7
接触轨有电
严禁跳下轨道

高等级公路提升了西藏交通运输能力。2017年，泽当至贡嘎机场高等级公路。

新疆以高速公路、国省干道、南北疆旅游环线、沿天山风景廊道为基础，完善旅游路网体系。截至 2017 年底，新疆公路通车总里程达 18.6 万公里。遍布天山南北的道路，正成为当地百姓的致富路。

到 2018 年，中国已经初步建成干支衔接的水运网。在长江经济带发展规划指引下，长江航运获得了较大发展。

中国政府加强通村公路建设，让便捷的交通助力偏远山区群众脱贫。2018 年陕西渭南通村公路。

2018 年，广东佛山市外来务工人员骑摩托返乡回家过年。

“一带一路”倡议实施后，邮轮旅游获得更大发展空间。2018 年，旅客在上海吴淞口国际邮轮港准备出发。

中国是全球发展最快的航空市场之一，2017 年，中国新开辟国际航线 382 条，国际航线总量达 1634 条。2018 年，中国境内民用航空（颁证）机场共有 235 个（不含港澳台地区），全年旅客吞吐量超过 12 亿人次。

2018年10月，港珠澳大桥正式开通运营。港珠澳大桥跨越伶仃洋，东接香港，西接广东珠海和澳门，总长约55公里，是“一国两制”下粤港澳三地首次合作共建的超大型跨海交通工程。大桥开通对推进粤港澳大湾区建设具有重大意义。

2018 年底，中国高速铁路运营里程达 2.9 万公里，占世界高铁里程的三分之二，是世界上高铁里程最长，运输密度最高，成网运营场景最复杂的国家，高铁成为中国交通事业的亮丽名片。

2018 年 9 月，广深港高铁全线开通运营，从深圳北站开往香港西九龙站的 G5711 次高铁列车乘务员展示纪念牌。

深港
U–HONG KONG
CED RAILWAY
舌尖上的旅途

中国的高速铁路逐步形成大型的综合客运枢纽，越来越多的高铁站接入地铁、长途汽车、公交等。手机App订票、电子支付、自助取票更加普遍，交通出行服务方便快捷。高铁以前所未有的速度改变着人们的生活。

因为具有便捷、便宜等优点，电动车成为快递的首选交通工具，快递车逐步向绿色、智能型转型。2019 年，浙江湖州首批绿色智能快递三轮车启用。

投资约800亿于北京新建的全球最大机场，规划建设7条跑道，满足年旅客吞吐量1亿人次需求。2019年北京大兴国际机场航站楼全景。